José Mendes

Abundância infinita

COPYRIGHT© 2023 BY LITERARE BOOKS INTERNATIONAL.
Todos os direitos desta edição são reservados à Literare Books International.

PRESIDENTE
Mauricio Sita

VICE-PRESIDENTE
Alessandra Ksenhuck

CHIEF PRODUCT OFFICER
Julyana Rosa

CHIEF SALES OFFICER
Claudia Pires

DIRETORA DE PROJETOS
Gleide Santos

EDITOR JÚNIOR
Luis Gustavo da Silva Barboza

CAPA E DIAGRAMAÇÃO
Lucas Yamauchi

REVISÃO
Margot Cardoso e Débora Zacharias

IMPRESSÃO
Gráfica Paym

Dados Internacionais de Catalogação na Publicação (CIP)
(eDOC BRASIL, Belo Horizonte/MG)

M538a Mendes, José.
　　　　Abundância infinita: as chaves que levarão você para o próximo nível / José Mendes. – São Paulo, SP: Literare Books International, 2023.
　　　　104 p. : 14 x 21 cm

　　　　ISBN 978-65-5922-548-4

　　　　1. Empreendedorismo. 2. Sucesso nos negócios. 3. Superação. I. Título.
　　　　　　　　　　　　　　　　　　　　　　　　　　　CDD 658.4

Elaborado por Maurício Amormino Júnior – CRB6/2422

Literare Books International Ltda.
Alameda dos Guatás, 102 - Saúde- São Paulo, SP.
CEP 04053-040 | (0**11) 2659-0968
www.literarebooks.com.br
contato@literarebooks.com.br

MISTO
Papel produzido a partir
de fontes responsáveis
FSC® C133282

Sumário

PREFÁCIO 5

DEDICATÓRIAS 7

AGRADECIMENTOS 9

O ESCOLHIDO 10

O DESPERTAR DE UM VENDEDOR 18

IRA, O PIOR DOS SENTIMENTOS 24

A AUTOSSENTENÇA 30

FUI PROMOVIDO NA FAMÍLIA 34

FIZ GRANDES AMIGOS 38

ENCONTREI MEU GRANDE AMOR 42

A ESCASSEZ 44

O GRANDE DIA! OS PREPARATIVOS DO CASAMENTO 50

ENFIM... CASADOS 52

ELES CHEGARAM 56

DESESPERO NA FALSA ESTABILIDADE 64

O REENCONTRO DE MILHÕES 66

O INÍCIO DE UMA NOVA ERA 70

SAÚDE, FAMÍLIA E TRABALHO (CONSTRUA UM CONTEXTO TÃO
FORTE A PONTO DE LHE PERMITIR TOMAR DECISÕES DIFÍCEIS COM
DISCERNIMENTO E SABEDORIA) 76

ULTRAPASSANDO FRONTEIRAS.. 80

PANDEMIA... 84

RECEBÍVEIS 88

LAPIDAÇÃO! RUBI! 92

VALIDAÇÃO QUE AQUECE!... 96

Prefácio

Este livro é um manual para quem acredita que simplesmente as coisas acontecerão sem esforço algum.

Como tudo na vida, tem sempre uma parte que ninguém pode fazer por nós: a nossa.

Já parou para pensar nisso?

O Mendes, autor deste livro, nos dá um chacoalhão a cada capítulo. É como se ele dissesse: "Vamos! Levanta! Decida!".

A meu ver, o livro se divide em três partes: os detalhes da jornada, o surgimento de uma história de superação e o resultado do trabalho.

Vemos uma jornada nua e crua, com seus altos e baixos, qualidades e vulnerabilidades trazidos à tona, conectando todos nós ao mundo real, onde temos a clareza que, nos pequenos detalhes, encontram-se as grandes decisões que mudarão nossa vida para sempre.

A gente vislumbra uma história sendo construída, passo a passo, com seus protagonistas sendo colocados à prova, de uma maneira ou de outra, mostrando o poder da resiliência e da força de vontade. Eu me emocionei com a história do Mendes e da Regina, pois em minha vida também tive alguns desafios que imaginei impossíveis de transpor, mas conheço essa força poderosa que surge dentro de nós quando o sonho palpita no peito. É como um leão protegendo seu bando. É como uma leoa protegendo seus filhotes. A gente vai enfrentar o que for necessário, porque desistir não é uma opção.

E, ao final, temos a lei da semeadura sendo revelada por meio do trabalho duro, de muito foco e, principalmente, constância. A constância nos leva a terminar o que começamos. E o que o Mendes tinha no coração desde menino era escrever uma história de sucesso, e ele conseguiu. Sou feliz por fazer parte dessa história e me sentindo privilegiado ao escrever este prefácio.

A vida nos coloca em diversas bifurcações e precisamos ter clareza de onde queremos chegar, o que queremos conquistar e qual missão escolher para trilhar. Como conheço o Mendes e a Regina há alguns anos e sei do propósito que eles querem cumprir nesta terra, eu espero que você, caro leitor, possa ser tocado por esta leitura e que essa força poderosa possa nascer dentro de você, o impelindo a dar mais um passo.

Conecte-se com essa jornada, inspire-se com essa história e, o mais importante, faça a sua parte. No demais, sua história já está sendo escrita, faça seu melhor.

Michel Marins Marun

Dedicatórias

Dedico este livro a minha esposa, Regina, que sempre esteve ao meu lado me apoiando nos erros e acertos, há 30 anos casado com ela, que é a mãe dos meus três filhos. Dedico aos meus filhos, Felipe Gustavo, Gabriel Augusto e Rafael Henrique, meninos de ouro, que cresceram e se tornaram homens de valor e que me dão muito orgulho! Ainda fui presenteado com uma princesa, o meu presente mais lindo, Mariana, minha neta!

Dedico aos meus pais em memória, José Rodrigues Mendes e Maria de Lourdes Podanowsk, que me deram a vida; e dedico também aos meus irmãos.

Dedico ao meu grande amigo Oswaldo Gouveia Brasão (que já não está mais entre nós), e quero deixar registrado aqui todo meu amor a ele e à família; dedico aos meus professores(as), em especial à diretora e professora Aparecida Lopes (Cidona); a outras famílias que também me marcaram em minha trajetória na cidade de Assis Chateaubriand, mas especificamente em Terra Nova do Piquiri: família Ribeiro, Flauzino, Eugênio Luis, Gaspar, Zortea, Paiva, Cachiolo, Lizoti, Carneiro, Gianini, Rubio, Orlandini, Gazola, Tozzi, Nespoli, Tambarucci, Caramelo, Azevedo Marques...

Agradecimentos

Agradeço à minha esposa, Regina, por sempre acreditar em mim, apoiando e ativando meu potencial e me amparando nos momentos de provas e adversidades; uma mulher incrível!

Agradeço aos "cumpadis" Carlos Ferreira de Lima e Susana Aparecida Bueno de Lima, Joaquim Ferreirra de Lima e Lurdes Penteado Miranda de Lima, estendendo a toda essa família, que sempre esteve ao meu lado.

Agradeço ao meu amigo de adolescência, Claudinei Cachiolo, que me apresentou ao negócio em que eu descobriria mais um campo de atividade em que me encontrei, no qual estou até hoje, sendo desafiado a cada dia.

Meus agradecimentos ao Clodoaldo Oliveira e à Adriana Oliveira, ao Michel Marins Marun e à Leda Caminha Marun, que foram e continuam sendo uma inspiração para mim no mundo dos negócios, sempre me mentorando e me norteando para o sucesso.

Ao sr. Valdenir Sales, um ser humano diferenciado, humilde, visionário e inspirador.

01

O escolhido

Abundância infinita

Deus me escolheu para vir ao mundo em 1968, em uma cidade no interior do Paraná, município de Arapongas. Aos dois anos de idade, minha família se mudou para cidade de Assis Chateaubriand, em um sítio onde vivi até meus 11 anos de idade.

Meu pai vinha de seu primeiro casamento com seis filhos (Ivo, Carmem, Florentino, Valdecina, Aparecida e João) e minha mãe vinha do primeiro casamento com mais três filhos, (Odelino, Terezinha e Vanilda). Portanto, quando nasci, já vivia em grande população.

Minha mãe trabalhava na roça junto ao meu pai e com todos os meus irmãos que vieram morar junto a eles (Florentino e Valdecina, do meu pai, e os três da minha mãe).

Quando nasci, meus pais já tinham Aparecida e Helena, eu era o terceiro filho (único homem) até vir a Margarida, Claudemir, Marlene e, por fim, um irmão adotivo, Juliano. Reparem que eu tinha duas irmãs com mesmo nome, Aparecida! Uma do meu pai do primeiro casamento e uma da minha mãe com meu pai.

Nossa infância não foi das melhores!

Me recordo claramente! Eu, com apenas três aninhos de idade..., na sombra de um pé de café, vendo meus pais trabalharem na roça, na lavoura de café... No alto havia uma caixa d'água e ao lado, certo dia, avistei um homem que me deu muito medo e o qual nunca me esqueci, essa imagem nunca se apagou em minha memória... Eu ficava ali, observando meus pais produzirem e, com tão pouca idade, me impressionava com tudo.

Tenho muitas memórias de infância: minha mãe, submissa, trabalhadora, labutava na roça durante o dia e, quando chegava em casa, cuidava de todos nós, da casa e do meu pai, e ainda se submetia a situações que eu presenciava. Ela era cuidadosa com a gente, mas não era carinhosa! Hoje, penso que devia ser pelas frustrações que a vida trouxe diante da criação dos meus avós maternos e também pelo fracasso do primeiro casamento dela.

Meu pai, muito trabalhador e muito honesto, porém era um homem ditador, bravo, intolerante, agressivo e ofensivo; quando ele olhava, já sabíamos o que queria dizer, e se algo não fosse do jeito dele, apanhávamos, e muito! Isso era comigo e com todos os meus irmãos. Minha mãe não podia intervir, sobraria para ela também; por muitas vezes presenciei meu pai a agredindo e sempre por motivos banais, como atrasar o almoço, por exemplo, imagina! Contudo, nunca nos faltou o básico, como comida. Me recordo do meu pai chegando em casa, sempre nos trazendo doces...

Quando eu tinha de sete para oito anos, morávamos ainda no sítio, uma distância de 4 km da escola, então eu e meus irmãos tínhamos que ir à escola a pé por meio de trilhas, estrada de terra... Saíamos de casa ao nascer do Sol, chegávamos na escola, estudávamos uma parte, íamos para a tão esperada merenda e voltávamos para a segunda parte da aula; meu pai nunca permitiu que faltássemos à escola. Na volta, a mesma coisa, saíamos às 12:00 e voltávamos a pé. Ao chegar em casa, meu pai cobrava que almoçássemos rápido para que fossemos trabalhar na roça junto com ele (até hoje tenho hábito de comer rápido)... Minha mãe, que estava em casa arrumando o almoço, também ia ou, muitas vezes, já estava lá na roça trabalhando. Ao escurecer, voltávamos do trabalho externo e tínhamos algumas tarefas internas como: separar os bezerros da vaca (para que eles não mamassem todo o leite durante a noite e no amanhecer já tirássemos leite que rendia os queijos, requeijão, doces etc.), tratar dos porcos, galinhas, irrigar horta, cortar lenha, moer café no moinho manualmente, (essas eram as tarefas diárias). Como tarefas semanais, tínhamos que torrar café, rasgar palha para fazer colchões – pois dormíamos em colchões de palha de milho – lavar roupa no rio e só depois dessas tarefas que íamos para o banho. Tínhamos que esquentar a água (pois não havia energia elétrica na região) e encher nosso "chuveiro balde" da época: enchíamos de água e virávamos para a água cair, e tínhamos exatamente aquela quantidade para tomar banho; fazíamos fila na porta do banheiro, os mais velhos primeiros, pois estudavam à noite e tinham que ir para escola, então tinham preferência no banho; depois, os mais novos, que já haviam estudado cedo.

Detalhe para um fato, o banheiro não era dentro de casa, ficava uns 30 metros de casa, era escuro (lembrando que não havia energia elétrica), então ficávamos na fila do lado de fora, no escuro, e eu tinha muito medo, pois meus pais instalavam na gente perigos que poderíamos sofrer estando no escuro... Eu nunca queria ser o último a tomar banho para não ficar sozinho tão longe de casa à noite.

Por fim, todos de banho tomado, voltávamos para a casa para jantar; de novo, os mais velhos primeiro... Apesar de termos uma vida sofrida, tínhamos sempre as refeições sobre a mesa e com fartura. Como morávamos em sítio, tínhamos nossas criações e plantações como carne de porco, portanto, quando minha mãe fazia essa carne, ainda usávamos a banha para fazer os outros alimentos e para manter a própria carne conservada em latas de 20 litros (carne de lata), e tínhamos frango, ovos, leite, verduras, legumes, hortaliças, frutas, água de poço (que não era encanada), e tínhamos que tirar de balde. Após a janta, fazíamos as tarefas de escola ao lado de uma lamparina a querosene, sentávamos em volta a mesa e cada um pegava sua lamparina, e todos fazíamos as lições para depois dormir exaustos! No dia seguinte, tudo se repetia.

Aos oito anos, me recordo de um momento de muita alegria para nossa família: meu pai comprou dois lampiões a gás que colocou em pontos estratégicos da casa, um iluminava a cozinha e o outro iluminava os quartos; sentíamos como se morássemos em uma cidade toda iluminada, pois não carregávamos mais lamparinas de um lado para o outro.

Outro momento mágico foi quando meu pai comprou uma televisão (em preto e branco), que funcionava a bateria e com antena externa; às vezes, nos reuníamos com os vizinhos para assistir a uma novela (Pai herói). Muitas vezes, passávamos raiva, pois, na melhor parte da novela, a antena saia da sintonia e alguém tinha que ir correndo para a posicionar; era assim: eram precisos de no mínimo três pessoas, um lá virando a antena, outro ficava na janela para intermediar a conversa com quem estava na antena e na TV (eu já sabia trabalhar em equipe) e, muitas vezes, ainda acabava a bateria da TV no meio da novela, aí ia todo mundo dormir "emburrado".

Nessa idade houve um acontecimento ruim. Meu pai chegou em casa e pegou minha mãe ouvindo novela no rádio e bateu muito nela, eu e todos os meus irmãos presenciávamos isso com muita frequência; nosso comportamento era de correr, porque não podíamos ficar olhando. Ele era muito bravo e andava sempre armado, tínhamos muito medo dele.

Lembrando e relatando aqui as coisas que via minha mãe passar, fui buscar entender o porquê! E me deparei com a informação de que, até o dia 26 de dezembro de 1977, as mulheres permaneciam legalmente presas aos casamentos, mesmo que fossem infelizes em seu dia a dia. Somente a partir da Lei nº 6.515/1977 é que o divórcio se tornou uma opção legal no Brasil. Porém, é importante ressaltar que anos após a validação da lei, as mulheres divorciadas permaneciam vistas com maus olhos pela sociedade. Essa pressão social fez muitas mulheres optarem por casamentos infelizes e abusivos em vez de pedirem o divórcio. Não posso afirmar que se passava isso na cabeça da minha mãe, mas justifica muito ela aguentar os maus tratos do meu pai.

Meu pai, vendo toda essa dificuldade de percorrermos todos os dias a distância de casa para a escola, resolveu vender o sítio de 10 alqueires[1] e comprar outro de 5 alqueires e mais uma chácara de 2 alqueires próximos à civilização; porém, só após um ano aproximadamente foi chegar energia elétrica no ponto da chácara. Agora, nossa vida havia ficado "mais fácil", estávamos a 500 metros da escola, da igreja, porém, agora tínhamos um sítio e uma chácara para cuidarmos.

Chegávamos da escola, ou cuidávamos da chácara ou íamos para o sítio de carroça, meu pai dividia as tarefas entre todos nós.

---

1 Alqueire é uma unidade de medida agrária que serve como alternativa aos hectares. Sua contagem não é padronizada pois muda conforme o estado do país. Hoje em dia, não é considerada uma unidade de medida adequada.

José Mendes

Sempre buscávamos a Deus. Quando tinha as novenas de Natal ou via sacra de Páscoa, íamos cada dia na casa de um vizinho! Geralmente, nas noites de sábado, todos pela estrada com faroletes e, se acabava a pilha, pegávamos vagalumes e íamos clareando em meio aquela escuridão! E esses momentos eram muito legais, pois quando acabava a novena, eram servidos chá de chocolate ou cafés e, após isso, os adultos ficavam ali conversando e os jovens iam brincar de pega-pega, esconde-esconde etc., criando memórias afetivas de crianças.

02

O despertar de um vendedor

Todos os produtos que plantávamos na horta serviam para nosso consumo; eu e mais duas irmãs já tínhamos espírito de empreendedorismo; na horta havia vários canteiros com alface, almeirão, repolho e outros alimentos: minhas irmãs tinham os delas e eu tinha o meu separado. No meu canteiro, como um bom visionário, plantava, cuidava, colhia e, depois, VENDIA. Eu enchia uma bacia com um pouco de cada produto, colocava sobre a cabeça e ia a pé até a cidade, de casa em casa, vendendo. E VENDIA tudo! Nunca voltava com nada. Como meu pai gostava de muita fartura, tínhamos muitas plantações: mandioca, quiabo, abobrinha, banana... Então, esses produtos também eu poderia VENDER; como tínhamos vacas, também vendíamos leite. Às 05:00 da manhã, minhas irmãs ordenhavam as vacas, traziam o leite em baldes e minha mãe separava uma parte para fabricação de queijos e requeijão e a outra parte ela colocava nos litros de vidro que eu ia entregar! Já tínhamos os clientes fixos mensais e eu ainda levava dois litros a mais para vender no caminho, e sempre VENDIA. Sempre tinha algo para vender; logo, com os queijos e requeijões prontos, lá estava eu, com esses produtos em mãos para minhas VENDAS. É certo que os produtos já seriam vendidos, porém, desprovido de timidez, eu já tinha personalidade cativante, o que tornava minhas VENDAS ainda mais fáceis. O dinheiro da venda dos produtos das plantações ficava para meu pai e ele nos dava alguns "trocados". Já os produtos que eu vendia do meu canteiro, o dinheiro ficava para mim.

Me recordo de quando meu irmão Florentino (Flor), aos 26 anos, já casado e com duas filhas, descobriu uma enfermidade nos rins. Durante o tratamento, ele veio ficar em casa para ajudarmos com todos os cuidados; fazíamos de tudo para ajudá-lo e foram meses bem difíceis. Porém, me lembro claramente de uma observação que ele fazia para todos que iam visitá-lo: "O Zé tem 12 anos, mas com essa idade, é capaz de sustentar uma família"

Ele falava isso para todos que iam lá e eu ouvia aquilo e me sentia feliz imaginando: como deve ser sustentar uma família? Confesso que era muito bom ouvir isso, mas, para a tristeza da nossa família, em março de 1981, meu irmão veio a óbito.

Eu era tão obstinado e visionário que onde havia oportunidades, eu aproveitava. Meu pai usava um sapato modelo "752" da época e gostava de andar sempre no brilho, então quem engraxasse os sapatos dele poderia pegar as moedinhas que ele tinha no bolso da calça.

Você, amigo leitor, deve estar se perguntando: "O que ele fazia com o dinheiro"?

Eu juntava o dinheiro dos produtos que vendia e as moedinhas que pegava após engraxar os sapatos do meu pai e colocava em um cofre tipo uma latinha, depois meu pai colocava na caderneta de poupança em meu nome.

Quando tinha festa na igreja, ou na escola, eu usava do meu dinheiro para comprar roupas novas para ir nessas festas, mas, quando chegávamos na festa de roupa nova, não tínhamos dinheiro para comer ou já íamos de "barriga cheia" ou vínhamos comer em casa e depois voltávamos para a festa. Detalhe: tudo isso, se meu pai permitisse ainda! Para termos as roupas novas, naquela época era assim: comprávamos os tecidos, carretel de linha, zíper, botões e levávamos na costureira, onde ela tirava nossas medidas, fazia a roupa e depois íamos fazer as provas para os ajustes, até que finalmente ficasse pronta e eu fosse buscar, feliz da vida. Geralmente, negociava o pagamento das roupas com os produtos das nossas plantações; e muitas vezes, após ter as roupas novas já em mãos, meu pai não nos deixava ir à festa, pois tudo tinha que ter a autorização dele. Não tinha critérios, dependia do estado de espírito dele. Percebe que em nenhum momento eu falo de brincar? Tínhamos uma rotina pesada, com nosso tempo todo comprometido com as tarefas rotineiras como: escola, trabalho e vendas! E o que já era puxado, ficaria ainda pior! Como tínhamos um sítio e uma chácara, nos quais as plantações eram iguais às de toda região (milho, soja, arroz, feijão), na chácara que morávamos meu pai resolveu inovar! Ele fez plantações de uva, maçã, tomate e mais de 150 variedades de produtos que os outros agricultores não tinham em suas terras, o que levou a nossa chácara a ser modelo e referência no estado do Paraná. Em 1981, concorremos com todas as outras propriedades agrícolas, ficando na primeira colocação, e no ano de 1983, concorremos pela segunda vez e conquistamos o primeiro lugar. Fomos até Curitiba, em uma cerimônia no Guaíra Palace Hotel, na Praça Rui Barbosa, receber um documento do então ministro da agricultura, Ângelo Amaury Stábile, que nos dava o direito de comercializar os produtos em todo território brasileiro, isento de impostos. Essa foi a primeira viagem da minha vida, me lembro que fiquei impressionado com tudo que vi... Eram muitos táxis, orelhões, carros e muita gente... Os prédios estavam nas alturas, ficamos hospedados em um prédio em um andar bem alto e lá de cima eu ficava admirando tudo de maneira inconsciente: eu já mentalizava aquilo tudo. Com essas conquistas de chácara campeã, recebíamos várias excursões para visitar nossa propriedade, e eu era o guia, fazendo as demonstrações de como fazer enxerto em pé de uvas e maçãs, como ralear uva e todos os outros serviços feitos na chácara.

Para ir da chácara para o sítio, tínhamos uma caminhonete e carroças com cavalos; toda vez que íamos de caminhonete, eu, com 12 anos, já ia dirigindo! Aprendi a dirigir por livre e espontânea pressão! Com meu pai era assim! Ou dirigia ou dirigia! As ordens dele não eram negociáveis.

03

Ira, o pior dos sentimentos

Da adolescência à juventude, eu já começava a ter mais entendimento do meu "livre arbítrio", além do entendimento dentro de casa com o contexto familiar em que vivia, mas que, sem parâmetro, achava normal.

Me lembro de fatos que me marcaram demais!

Tinha vontade de uma vida normal e simples, inclusive, como a dos outros adolescentes da cidade, como jogar bola ou assistir futebol no campo, ir às festas, aniversários etc. Mas, nessa fase da minha vida, era onde eu mais pude ver a parte violenta do meu pai... Certo dia, eu meu irmão estávamos tendo um desentendimento (coisas de irmãos), meu pai chegou e nos viu discutindo. Foi nesse momento que ele sacou sua arma (sempre andava armado) e eu e meus irmãos saímos correndo para o meio das plantações, e meu pai atrás de nós atirando... Sentíamos as balas em nossas costas... Doía de verdade... Eu e meus irmãos sempre tínhamos desentendimentos, coisas normais entre irmãos, apesar de sempre estarmos juntos e nos amarmos.

Outro dia, estávamos trabalhando em uma máquina chamada trilhadeira, cada um tinha seu posto de trabalho nesta máquina, que era determinado pelo meu pai, duas pessoas despejavam os balaios(cesto de bambu) cheios de milhos que passavam por um triturador que fazia o processo de ir separando a palha, grãos e sabugos, e direcionava cada elemento para uma saída da máquina; cada um tinha seu posto de trabalho, me lembro que meu irmão (bem mais novo que eu) estava na bica, segurando uma saca de 60 kg para encher de grãos de milhos, mas ele, com apenas 9 anos, não suportou o peso, então meu pai pegou ele e ameaçou jogar dentro da trilhadeira onde eram triturados os milhos. Foi desesperador, ele apanhou meu irmão no colo e foi o aproximando com os pés, chegando bem perto da máquina, e então eu senti pela primeira vez, de fato, ira dentro de mim, e pior, raiva do meu pai. Eu e meu outros irmãos ficamos muito assustados e começamos a rezar; em um ato de desespero, eu peguei uma inchada e pensei: "Se meu pai encostar ele na máquina, terei que acertar na cabeça para que ele desmaie e eu salve meu irmão disso". Meu irmão chorava muito e gritava, e meu pai aproximando ele cada vez mais de ser triturado. Agora imaginem se meu pai tivesse me visto com aquela inchada nas mãos pronto para detê-lo? Eu teria ido junto para a trilhadeira. Caso tivesse que acertá-lo para evitar a tragédia, eu teria que ter fugido para sempre, porque, com certeza, ele me mataria sem titubear. Pela misericórdia de Deus, ele ouvindo nosso choro, desistiu de fazer aquilo e soltou meu irmão, e continuamos a trabalhar, mas agora, ajudamos meu irmão a pegar os sacos de milho.

Meu pai na rua, era um homem muito querido, um homem sorridente, tranquilo, respeitado por todos, mas, dentro de casa, era muito agressivo.

Certo dia, já muito tarde da noite, havia algo que não estava do agrado dele e, mais uma vez, sacou a arma e deu dois tiros no telhado. Um pedaço da telha caiu bem próximo ao berço da minha irmã mais nova, ela devia ter uns 6 anos.

Com 16 anos, trabalhávamos muito na roça, além disso, nos finais de semana, pegávamos serviços extras com outros agricultores.

Abundância infinita

Tinham dias que estávamos tão exaustos que rezávamos para que chovesse para que pudéssemos descansar, pois na chuva não dava para capinar por causa do barro.

Mas logo meu pai arrumava outras tarefas para que não ficássemos parados, como rasgar palha de milho para fazer colchões (pois, como já havia citado anteriormente, dormíamos em colchão de palha), roçar pasto, debulhar milhos manualmente para ter sementes para as plantações, ou seja, era sem descanso!

Um dia, saímos de caminhonete para outro sítio buscar cana para alimentar as vacas leiteiras da nossa chácara. Estávamos em três pessoas pegando canas para pôr na caminhonete e era assim: entre a caminhonete e o canavial havia um corredor separado por duas cercas e, na logística do meu pai (que estava no comando), saíamos da caminhonete, pulávamos uma cerca, pulávamos a segunda cerca e apanhávamos a cana, voltávamos jogando a cana por cima da primeira cerca e depois pulávamos e jogávamos por cima da segunda e depois pulávamos e então colocávamos na caminhonete... Então eu sugeri ao meu pai o seguinte: já que estamos em três pessoas, e se cada um ficar dentro de uma cerca? Eu jogo por cima da primeira, meu irmão pega e joga por cima da segunda e minha irmã pega e coloca no carro! Assim, ninguém precisa ficar pulando as cercas... Ele logo agiu sacando da arma e atirando três vezes para cima e respondeu: "Quem manda aqui sou eu", e lá fomos nós quietinhos, pulando as cercas para ir e para vir, até bambear as pernas, com um cansaço desnecessário e com o coração cheio de ira e revolta.

Esses sentimentos podem ter desencadeado o Transtorno Dissociativo de Identidade (TDI). Pode-se definir o transtorno como uma condição psicológica severa, em que aspectos importantes como memórias, comportamentos, sentimentos e a própria identidade são afetados. O TDI se configura como um processo mental dissociativo responsável pela falta de conexão ao que a pessoa traz em sua personalidade "real".

Segundo especialistas, o TDI é causado por um grande trauma sofrido pela pessoa ainda na infância. Em muitos casos, esses eventos traumáticos são fruto de abusos sexuais, físicos ou psíquicos. Ao passar por essas situações, as crianças começam a desenvolver outras personalidades com o intuito de se defender dessa exposição prejudicial. Esses personagens atuam como objetos de autodefesa para suportar momentos de dor e angústia.

Desde a minha adolescência, eu já gostava de fazer piadas com tudo, sempre arrumava uma forma de descontrair o ambiente em que estava, fazia todos rirem de alguma forma, sempre fui de sorriso fácil! Somando isso à personalidade atrativa que tinha, conseguia criar um personagem que camuflava minhas dores e que, de certa forma, me fazia acreditar que eu vivia de fato naquela alegria.

Com o tempo, conforme fui evoluindo na minha vida pessoal, emocional, espiritual e financeira, fui ressignificando as minhas dores. Mas o lado alegre, de gostar de fazer as pessoas rirem, permaneceu em mim.

Ainda nessa fase, as coisas só pioravam emocionalmente para nós. Lembram que eu disse o quanto meu pai era querido e respeitado na cidade? Após ele se envolver com uma mulher casada, dona de um bar, todo aquele respeito que ele tinha das pessoas na rua foi se acabando; eu vi várias vezes meu pai recebendo bilhetes dessa mulher e eu não poderia falar nada devido à violência dele; mas não demorou até minha mãe descobrir também; porém, submissa e temente ao meu pai, aguentava calada. Imagina a humilhação dela e a nossa! A situação chegou ao absurdo da minha mãe preparar almoço e jantar para que nós levássemos para ele lá no bar onde ele ficava trabalhando para essa mulher. Todos da cidade que antes o respeitavam passaram a falar dele em conversas paralelas, assim começaram as brigas e desavenças entre meu pai e os moradores da cidade, o que nos trazia muita preocupação, pois tínhamos medo de que ele matasse alguém; conhecíamos a coragem dele.

Chego aos meus 17 anos, em 12 de abril, uma amiga estava fazendo aniversário e me convidou para ir à festa dela, que seria sábado à noite (as festas daquela época eram simples: em casa de família, com um bolo e um suco). Passei o dia inteiro pensando e tentando achar uma forma de pedir ao meu pai para que ele me deixasse ir, e ele deixou! Eu e meu irmão Claudemir fomos e meu pai pediu para que não chegássemos depois das 22:00 horas. Exatamente às 22:00 chegamos em casa, porém, encontramos a porta trancada. Começamos a chamar! Chamávamos e nada do meu pai abrir; ele gritava lá de dentro: "Que horas são?" e nós falávamos: "22 horas". Nada dele abrir. Meu irmão Claudemir, de apenas 11 anos, já estava desesperado e, então, pela primeira vez eu relatei para meu irmão que se ele não abrisse a porta eu iria embora de casa! Foi aí que ele chorou mais ainda! Passados 10 minutos, meu pai decidiu abrir a porta e, como de costume, todos os dias a gente rezava para dormir e pedia a benção para nossos pais e eles respondiam: "çoi". Pedi a benção para minha mãe, ela respondeu, já meu pai deu uma resposta que ecoa até hoje em minhas lembranças: "VAI PRO INFERNO!". Passei a noite chorando.

04

A autossentença

Domingo, dia 13 de Abril 1986, com a permissão do meu pai, havia combinado com os amigos para fazer um trabalho na escola. Estávamos lá fazendo o trabalho e, exatamente, às 14 horas, meu amigo Airton chega de moto, desesperado, me chamando. Ele fez um gesto com a mão como se estivesse puxando o gatilho de um revólver, falando que era para eu ir para a casa urgente; ele mesmo me levou na moto, era uma distância de 500 metros até minha casa; nesse percurso, muitas coisas passavam pela minha cabeça, como meu pai tirando a vida de alguém, por exemplo. Tinha muita gente em casa quando eu cheguei. Vi minha mãe e irmãs chorando e para minha surpresa, quando entrei no quarto do meu pai, ele estava caído de bruços na cama, ele havia dado um tiro no próprio ouvido.

Acabou! Acabou para nós, acabou para minha mãe, acabou para ele! Acabou para todos que o cercavam.

Meu pai era uma espécie de "xerife" da cidade. Quando passava, as pessoas o temiam, um misto de respeito e medo! Mas ele era respeitado. Porém, também era muito "gente boa" com todos da rua, sempre solícito, sorridente, amigo, prestativo...Mas sempre enérgico e ditador.

Para se ter uma ideia, quando ele passava em frente ao bar, se tivesse algum menor jogando sinuca, paravam na hora; para ter os lazeres na cidade como circo ou parque de diversões, ele é quem decidia se isso poderia acontecer. Diante dessa autoridade, acabávamos colhendo alguns "frutos", pois podíamos ir aos eventos sem pagar ingressos. Quando tinham brigas e/ou desavenças na cidade, ele dava voz de prisão e levava a pessoa para a cadeia.

Um vizinho foi reclamar que um ou dois dos nossos cachorros foi lá no sítio correr atrás dos animais dele; no momento que o vizinho virou as costas, meu pai pegou a arma e sacrificou todos os nossos seis cachorros; o vizinho foi embora e nem olhou para trás, deve ter sentido a dor das balas nas costas naquele momento. Ele deixou uma carta narrando o que faria e o porquê.

No funeral, parecia que tinha morrido um grande político ou celebridade da cidade, um cortejo com muitos carros, muita gente mesmo.

Minha mãe no silencio dela, junto a meus irmãos... Eu, com misturas de sentimentos que ainda hoje não consigo decifrar.

Em um evento (Alcance seu destino em Maringá), tive a oportunidade de uma conversa informal com Rodrigo Cardoso, e tive um *insight* que me levou a pesquisar o seguinte assunto: "Uma pessoa tira a própria vida pela falta de reconhecimento, com necessidade de aprovação e de ser ovacionado".

Segundo psicólogos, a necessidade de aprovação e de reconhecimento é uma característica que está presente no comportamento humano graças ao instinto de sobrevivência. Em tempos remotos, para sobreviver, era necessário fazer parte de um grupo. Pertencer era uma necessidade, porque trazia segurança física e alimentar, além da socialização. Uma vez perdido isso, desencadeia a depressão.

Abundância infinita

No longo prazo, quem tem essa necessidade de aprovação deixa de traçar o seu próprio caminho, deixa de correr riscos e de seguir os seus instintos. Devido ao medo da rejeição e de ser julgada, a pessoa acaba perdendo a sua individualidade, vivendo uma vida que não é sua e, em alguns casos, tomando decisões extremistas, por exemplo, tirar a própria vida.

05

Fui promovido na família

Com o falecimento do meu pai, minha vida mudou completamente.

Éramos nove pessoas em casa, sendo: meu pai, minha mãe, eu e mais seis irmãos. Após o falecimento dele, vieram morar conosco meus avós maternos e mais dois sobrinhos. Agora éramos 12 pessoas. Ou seja: 12 bocas para comer.

Um mês depois, me tornei maior de idade. Aos 18 anos, eu me vi diante das responsabilidades de casa e responsável por todos; eu era o homem mais velho da casa, desprovido de timidez e muito comunicador.

A primeira decisão que tomamos foi de parar o plantio de produtos que eram diferentes, como uva, tomate, maçã, e mantivemos os produtos já cultivados na região.

Por ser maior de idade, eu poderia pegar financiamento, pois começaríamos tudo do zero nas plantações; para preparação do solo, precisávamos comprar os produtos necessários para reiniciar! A vida, para nós, começava do zero; meu pai não tinha valores retidos. Somente o sítio que já estava em nosso nome como usofruto, o que facilitou um pouco por não termos que fazer inventário.

Iniciavam-se preocupações que até então eu desconhecia. Por exemplo: eu já tinha responsabilidades com contas e financiamentos em meu nome; tinha também medos de não conseguir produzir os produtos o suficiente para pagar os financiamentos. Eram preocupações diárias na consciência, tinha que dar certo, e deu!

Nos dois primeiros anos, tudo correu muito bem, a produção foi boa; compramos um Passat, ano 1982, reformamos a casa da minha mãe, compramos linha telefônica fixa, que na época era muito valiosa! Mas de tudo, algo muito valioso aconteceu em minha vida: tomei posse da tal LIBERDADE! Concluí meu segundo grau, porém, diante das responsabilidades com as coisas do sítio, não consegui dar sequência nos estudos para realizar meu grande sonho de me tornar um advogado.

Uma cooperativa chamada Coopervale (hoje, chama-se C-vale) se instalou em nossa cidade, e eu vi muitos amigos começarem a trabalhar lá com registro na carteira e salários fixos (aquela falsa estabilidade da CLT). Um dia, passando em frente à cooperativa, havia um comunicado dizendo que estavam contratando trabalhadores temporários para descarregar caminhões de cereais. Senti-me confiante em pedir a vaga, no entanto, eu era muito "franzino" (magro e fraco), mas mesmo assim fui lá, fiz a ficha e fui contratado! Enfrentei e iniciei. Na minha cabeça, passava o seguinte: "Se eu me destacar neste trabalho, provavelmente chegarei ao escritório". Eu tinha conhecimento de que um funcionário do escritório passava por um problema de saúde e teria que se afastar para fazer um tratamento, mentalizei o cenário e, pasmem, trabalhei apenas seis horas descarregando caminhão de entrega, com muita consciência e comprometimento a cada minuto. Ao final do expediente, fui informado que no dia seguinte eu deveria estar às 07:30 na empresa e arrumado para trabalhar no escritório. Não falei uma palavra sobre isso com ninguém! Apenas mentalizei com todas as minhas forças. De certa forma, eu havia me preparado, pois, lá atrás, devia ter uns 13 anos, pedi ao meu pai para fazer um curso de datilografia, e ele deixou; no dia que fiz minha ficha na empresa, mencionei esse curso que, de certa forma, abriu as portas para mim.

A habilidade em decorar números me ajudou a me destacar muito rápido, pois, na época de plantio, os agricultores que eram associados vinham com muita pressa para comprar ou entregar suas produções; eram acelerados porque tinham que retornar logo para seus compromissos; com isso, eu tinha que ser rápido também em meu trabalho. Então não demorou para que eu soubesse de cor o número de cada cadastro de associado, placa de caminhão e endereço. Me destaquei tanto que fui efetivado a auxiliar administrativo e, logo em seguida, balanceiro. Isso me levou a ter um bom salário na região.

Não faltava nada em casa, e nem para mim; eu comprava de tudo no supermercado com meu salário. Porém as opressões começaram a aparecer diante do descontentamento dos meus irmãos, que passaram a me pressionar muito. Eles diziam que eu trabalhava na sombra e eles no sol. Não contextualizavam que, no período de colheita, eu entrava as 07:30 na cooperativa e só saia as 02:30 da madrugada, não tinha tempo de ajudar na roça, e isso foi deixando meus irmãos cada vez mais desmotivados, a ponto de não se dedicarem mais tanto à roça. Isso fazia com que, muitas vezes, eu fosse mais enérgico com eles, alguns comportamentos de militância parecidos com os do meu pai (repetição de padrão); isso foi criando desavenças entre nós, nos afastando pouco a pouco.

A repetição de padrões familiares é feita de maneira inconsciente. A continuidade desses costumes geralmente significa uma "lealdade" inconsciente a algo ou alguém do sistema familiar. Isso mesmo: uma lealdade. Somos leais, mesmo que inconscientes, aos nossos antepassados.

Essa "lealdade" potencialmente gera relacionamentos ruins. Facilmente percebemos traumas passados de geração para geração nos relacionamentos ruins. As pessoas vão contando e reproduzindo as histórias vividas pelos antepassados e transmitindo os temores para as próximas gerações.

Eu já vinha com essas repetições desde bem cedo com meus irmãos, o que nos afastou muito.

06

Fiz grandes amigos

No escritório da empresa, encontrei Oswaldo Brasão (Vardão). Quando entrei na empresa, ele já trabalhava no escritório, eu já o conhecia de certa forma, pois pegávamos o mesmo ônibus na época em que estudávamos, mas não tínhamos amizade. Ele me ensinou o serviço e logo nos tornamos muito amigos. Eu desabafava tudo sobre minha casa, meus sonhos, minhas decisões... Éramos grandes amigos mesmo.

Ele era um cara muito querido na cidade, de um coração gigante e sempre pronto para ajudar os outros.

Conheci também o sr. Miguel, gerente da cooperativa; muito querido por todos e que me ensinou muito também; ele gostava muito de ler livros, revistas e me falava da importância da leitura.

Também tinha "Jango", ele era balanceiro e saiu da empresa, mas, antes de sair da empresa, construímos uma amizade bem legal.

Também conheci Paulo de Jesus Godoy, que era o responsável pela parte administrativa do escritório. Todos amigos que somaram muito para meu crescimento.

Entrou na empresa o Francisco (Ceará), exemplo de resiliência; Ceará tinha muita dificuldade de aprender o serviço que eu fui designado a ensiná-lo, mas ele era tão esforçado que o que parecia ser impossível logo se materializava e ele aprendia. Fez faculdade de Administração de Empresas e hoje é gerente na empresa e meu amigão.

Tem até uma lembrança engraçada do Ceará da qual sempre me recordo e dou risada sozinho. Fomos em uma loja para ele comprar uma TV, o vendedor falou para ele: "Temos preta e branca e a cores". Ceará respondeu: "Vê uma verde para mim!" (risos). Como era boa aquela época! Nada era tratado como *bullying*.

Me lembro de muitos outros amigos que também foram importantes para mim nessa trajetória, como Dirceu Lehn, Toninho Cachiolo, Edmilson, Luiz Biazoto, Jesus Chagas, Erivaldo Busto (Ori), Luis Carlos (Tampinha), José de Nazaréth Gaspar, Luis Nazare Gaspar, Sergio Garbulha, Claudinei Garbulha, Cleudo.

Uma ressalva para meu amigo Lazaro, que não trabalhava comigo na cooperativa, mas foi uma peça ímpar em minha vida. Lazaro era meu vizinho de chácara e eu fiz uma grande amizade com ele e a família.

Era daquele amigo/irmão, íamos para as festas juntos e, onde estava um, estava outro! Tinha até um bordão que usávamos com ele (Lazão, meu patrão!).

07

Encontrei meu grande amor

Em uma festa na igreja, eu e um amigo fizemos uma aposta: quem arrumasse uma namorada, ganhava a aposta! Quem perdesse, pagaria o churrasco e a cerveja. Claro que eu ganhei!

Como de costume, nas festas, ficávamos andando para ficar olhando as meninas... Avistei uma menina linda e lá fui para a maior investida da minha vida! E não é que deu certo? Ficamos juntos lá mesmo, na festa.

Ganhei a aposta naquele momento, mas até hoje sou eu quem paga a conta (risos).

"Ele era bom de lábia, chegou e começamos a conversar e ele me fez um carinho... Caí! Fiquei apaixonadinha", relata Regina (risos).

"Após alguns encontros no colégio e nos jogos de futebol, eu vi quem era de verdade o 'Amarelinho' (Minha família apelidou ele de Amarelinho porque ele era amarelo mesmo, magro e esquisitinho).

Zé era namorador e descobri que ele tinha outras namoradas, (risos) terminamos! Ficamos uns dois, três meses separados e, depois de muitos ajustes, voltamos e começamos a namorar firme.

Brigávamos muito, porque Zé me convidava para ir às festas e nos passeios, e eu não ia; inventava desculpas para não ir. O fato é que eu não queria que ele soubesse que eu não tinha roupa para passear. Minha família era bem-vista na cidade, eu tinha vergonha que soubessem que eu não tinha roupas para sair."

08

A escassez

Após três anos na cooperativa, uma reviravolta aconteceu na minha vida!

A pressão dos irmãos não cessava e ficava cada vez pior; comentei com Regina e com meu amigo Lazaro que iria sair da empresa (pedir demissão); então Lazaro procurou a Regina para pedir para ela me convencer a desistir e não deixar a cooperativa. Regina já era contra eu sair desse emprego, mas nem ela conseguiu me convencer. Pedi demissão. Peguei todo valor da minha rescisão e comprei um fusca amarelo, era lindo e todo equipado com roda cruz de malta, som etc.

Ali começava um grande e, talvez, o maior desafio da minha vida.

Voltei a trabalhar na roça com meus irmãos e, nesse ano, tivemos a infelicidade de perder toda nossa plantação por causa da seca, então começou um momento muito difícil para todos nós, pois já não tinha mais o salário da cooperativa. Mesmo diante das dificuldades, fizemos a segunda plantação de trigo e novamente perdemos tudo com a geada; diante de toda essa dificuldade, decidimos tentar a vida no estado de São Paulo. Eu e minha mãe fomos para a cidade de Campo Limpo Paulista, onde trocamos nosso Passat por uma casa e voltamos ao Paraná de ônibus para começarmos os preparativos para a mudança definitiva. Quando fui falar com a Regina sobre minha decisão, ela ficou muito assustada; ela achava aquilo tudo uma loucura, afinal, ela era apegada à família e ao lugar onde nasceu.

"Após três anos de namoro, Zé resolveu ir embora para São Paulo e queria que eu fosse com ele e eu disse que, sem me casar, não iria! Então ele foi falar com meu pai, mas eu corri na frente e combinei com pai: 'Pai, Zé vai vir falar com senhor para eu ir embora com ele para São Paulo e o senhor não deixa! Fala que só vou se ele casar comigo na igreja', e quando Zé chegou, meu pai fez certinho! Disse que não! 'A Regina é uma menina da igreja e de família, está sempre me ajudando, participando... Se você se casar tudo certinho, aí pode ir'. Logo Zé tomou posição", relata Regina.

Era uma decisão difícil para ela. E então o desespero bateu em mim também; de um lado, eu, de casa comprada com minha mãe e, do outro, meu grande amor! Não era uma opção ficar sem ela. Foi quando me posicionei e decidimos nos casar. Só tinha um detalhe: não tínhamos recursos. Marcamos nosso casamento para 22 de agosto de 1992, o casamento na igreja que foi em Assis Chateaubriand; porém, o casamento no civil foi realizado em outra cidade por causa do custo menor.

"Eu queria me casar de véu e grinalda, não pensava em festa, relata Regina. Mas minha família disse que não! Que tinha que ter festa sim e que todos ajudariam. Já na mudança do Paraná para São Paulo, minutos antes de partir, Zé colocou uma aliança no meu dedo e quase morri de alegria e ele foi para São Paulo".

Cheguei de mudança e tudo em Campo Limpo Paulista e estava completamente perdido. Saí da cidade onde nasci e vivi por 24 anos em uma casa grande com conforto e o vizinho mais próximo estava a 200 metros de distância, ruas largas e sem trânsito. Barulho? Só dos passarinhos... Poucos e bons amigos.

Já na nova cidade, casa pequena, em um bairro super-agitado, muitas pessoas, pessoas que usavam entorpecentes na rua, ruas estreitas e cheias de carros por todos os lados, barulho 24 horas por dia e eu, sem dinheiro, desempregado e sem amigos! Éramos eu, minha mãe, meus irmãos e Deus.

Entrei em ação para arrumar um emprego. Perto do meu bairro havia uma construção e eu fui lá pedir emprego e comecei a trabalhar de servente de pedreiro, e ganhava por dia. Fui fazendo novos amigos que, por coincidência, eram paranaenses; esses novos amigos trabalhavam em grandes empresas da região e eu ficava imaginado um dia também poder trabalhar em uma empresa dessas.

Imagina! Eu trabalhava de servente, não tinha telefone celular, na época eram aqueles orelhões públicos e, lá no Paraná, Regina morava em sítio e não tinha como se comunicar porque não havia nenhum tipo de telefone; só nos comunicamos por carta. Lembro-me da primeira carta que escrevi para ela e fiquei aguardando a resposta; um dia, fui em casa para almoçar e vi o carteiro na rua, comecei a segui-lo perguntando se havia uma carta para mim, e sim! Ela me enviou a resposta! Sentei-me na guia da calçada e li a carta chorando; ela contava sobre os preparativos do casamento. Mesmo com a tristeza da saudade, e chorando ao ler a carta, ela também me fez rir. Regina confundia Z pelo J. Ela relatou que meu tio Zeca falou algo, mas escreveu "Jeca", e eu chorava e ria ao mesmo tempo lendo a carta.

Eu sempre fui muito exagerado para fazer as compras de casa em supermercado. Quando sai do Paraná para São Paulo, lembro-me que trouxe despesas na mudança e um dia minha mãe disse: "Ainda bem que você é exagerado, porque a compra que trouxe durou mais de 3 meses em casa!". Até eu me acertar com emprego e começar a fazer dinheiro, essa compra foi o que nos sustentou.

A saudade que eu sentia da Regina era muito grande, eu não conseguia ficar trabalhando sem falar com ela e saber notícias. Era ano de eleição e um amigo me levou até um candidato que me deu a passagem de ônibus para ir até Paraná vê-la! E lá fui! Chegando lá, fui ajudar nos preparativos do casamento, só faltava um mês.

09

O grande dia! Os preparativos do casamento

"Enquanto Zé estava em São Paulo, eu ia vendo meu vestido; havia uma loja famosa de vestido de noivas na cidade, mas eu não tinha dinheiro para comprar lá e então eu procurei uma costureira, eu escolhi o modelo e ela confeccionou para eu usar e depois devolver (primeiro aluguel). Agora eu já tinha a aliança e o vestido. Só faltava a festa e os convidados (risos).

Naquela época, não tinham convites de papel, íamos nas casas convidar um a um...

A Noiva com os pais e o noivo com os pais!

Para comer tinha: churrasco com salada, pão com carne moída e, na música, um sanfoneiro", conta Regina.

"Ganhamos um boi da minha vó e meu pai deu outro boi; as bebidas Zé e meu pai pagaram juntos. A roupa de noivo foi emprestada de um amigo! Giovani Carneiro, ele tinha a mesma estatura do Zé, então a roupa ficou certinha.

Sobre os presentes, ganhei fogão, tanquinho de lavar, jogo de panela e acessórios domésticos; o enxoval, minha mãe já tinha me dado algumas coisas, pois, naquela época, as mães já iam preparando os enxovais das filhas. A festa que eu nem imaginava que teria, durou quatro dias... Iniciou na sexta e finalizou na segunda."

10

Enfim... casados

Abundância infinita

Já casados, Regina voltou comigo para São Paulo. Ali eu vinha com uma outra preocupação: tinha tirado a Regina do lar dela, um sítio no qual viveu e cresceu cheia de conforto e segurança e agora estava indo para um local completamente diferente. No caminho, eu ia mostrando os lugares bem feios e falava: "Mor, lá é mais ou menos assim, ta?". Ela, com a carinha desanimada, sem imaginar como seria. Quando chegamos em casa, percebi que ela estava mais aliviada, porque eu vim preparando ela no caminho, mostrando os lugares mais feios que eu via...

Agora, com minha esposa ao meu lado, fui em busca do tão desejado emprego; me recordo que um amigo nos deu muitos vales transporte para que nós fossemos procurar emprego. No primeiro dia, para quem nunca tinha trabalhado e nem entrado em um banco na vida, Regina arrumou seu primeiro emprego. Aconteceu até um fato engraçado: Regina chegou e pediu informação do lugar para um mudo, imagina! (Risos) Deus foi tão misericordioso que ela chegou às 10:20 para fazer a ficha e às 10:30 já iniciava no Supermercado Alvorada como operadora de caixa; até hoje, a Regina é grata à Cilene Moreira, que ensinou o serviço para ela. Regina comentou que não tinha almoçado e que não tinha dinheiro, logo a contratante a encaminhou para almoçar no restaurante do supermercado. Ela trabalhava a 3km de casa e ia embora todos os dias a pé, pois, assim, economizava o dinheiro do vale transporte para vender depois e fazer dinheiro; eu e minha irmã íamos encontrar com ela no caminho.

Já eu, consegui na semana seguinte meu trabalho, também em supermercado (Superbox), mas em outra cidade, onde fiquei por três anos. Como nós dois trabalhávamos em mercado, voltamos a quase não nos ver mais, tínhamos horários de trabalho aleatórios; um chegava e outro já estava dormindo e vice-versa. Mas, com todo nosso esforço, íamos colhendo alguns pequenos frutos com nosso salário, como uma bolacha... um Danone... coisas simples, mas que já não daria se não estivéssemos trabalhando. Nessa época, tinha o sonho de ter um Monza e lá no meu trabalho eu ficava só observando os carros Monza passando, imaginando quando eu teria um daquele.

Na casa que morávamos, éramos eu, Regina, minha mãe, meu avô materno e mais três irmãos; um total de sete pessoas. No quintal de casa havia um cômodo sem reboco, no contrapiso, a janela era uma maderite e a porta não tinha fechadura (usamos uma escora). Regina e eu decidimos ir morar nesse cômodo; como não tínhamos nada, as pessoas foram ajudando: me lembro da tia Irinês e do tio Adão nos darem as panelas e um fogão usado, ela deu tudo em dobro! Dois pratos, dois copos, dois talheres... Minha mãe emprestou a cama e guarda-roupa e nós conseguimos comprar uma pia. Para as coisas de geladeira, usávamos da minha mãe, assim como o banheiro, que não tínhamos no cômodo. Aos poucos, colocamos a lajota no chão... Colocamos janela, porta e, após um tempo, rebocamos por dentro... Moramos naquele cômodo por dois anos. Dentro desse período, passamos alguns perrengues emocionais. Eu acordava à noite com Regina

Abundância infinita

chorando de saudade dos pais dela, então comecei a mandar dinheiro para que a mãe e o pai dela viessem vê-la e, assim, diminuísse a saudade que ela sentia deles. Muitas vezes, Regina era surpreendida, porque eu os trazia sem ela saber.

Regina engravidou no nosso primeiro filho, Felipe. E eu tomei uma decisão; lembram do fusca que eu havia comprado quando sai da cooperativa? Ele tinha ficado lá no Paraná, pedi para trazer para São Paulo, vendi e guardei o dinheiro junto às economias que eu fazia. Nesse período de gravidez da Regina, usei esse dinheiro e comprei uma casinha com um dormitório, sala, cozinha e banheiro; a casa era de telha Brasilit, sem reboco, tudo bem simples! Então pedi a meu sogro para trazer algum pedreiro do Paraná com disposição para fazer uma reforma nessa casa para nós, pois a mão de obra ficaria mais barata; e ele trouxe o Jurandir (Chimbica). Ele veio por duas vezes e ficou mais de mês morando lá na casa, reformando, e ia dormir na casa da minha mãe; embora eu tivesse pagando o valor que ele havia pedido, achei de grande nobreza ele deixar a família para me ajudar. Tenho muita gratidão ao Jurandir, "cumpadis" Joaquim e Carlos, que em todos os dias de folga, inclusive finais de semana, vinham me ajudar na construção. Uns ajudavam os outros! Quando eu precisava, eles vinham, e quando eles precisavam, eu ia. Estávamos correndo contra o tempo, pois a cada dia se aproximava mais o nascimento do nosso filho; Regina estava a dias de ganhar o bebê nos mudamos para nossa tão sonhada casa, não tínhamos nada de móveis e enxoval, levamos as poucas coisas que já tínhamos.

11

Eles chegaram

Só faltava um móvel para completar: o berço! Corremos e compramos um e, três dias depois, Felipe nasceu. Foi uma alegria muito grande, pois sabíamos que nosso filho já teria um teto para morar. Tudo corria bem até que perdi o emprego e fiquei seis meses desempregado. Recebi os meus direitos e fiquei cuidando da casa e do Felipe enquanto a Regina trabalhava. Meu sonho era trabalhar em uma metalúrgica, porque eu sabia que pagava bem. Após seis meses em casa, dia primeiro de abril, entrei na Metalúrgica Continental Teves, onde trabalhei por 20 anos. Regina engravidou do nosso segundo filho, Gabriel. Pediu para ser demitida e ficou em casa cuidando do Felipe. Já no primeiro ano, muitas coisas mudaram! Eu trabalhei por oito meses sem nenhuma folga, sem faltar um dia, fazendo 12 horas. Eram muitas horas extras seguidas na função de ajudante de fundição; o que me proporcionou fazer a ampliação da minha casa. Construí na parte superior mais três dormitórios, uma sala, banheiro e a garagem, pois tinha comprado meu carro!

Apesar do salário já ser bom na função que tinha sido contratado, era o menor do setor, e eu queria mais. Estávamos em vinte pessoas e meus colegas falava assim: "Vamos largar tudo e jogar tudo para o alto?", pois era muito puxado, trabalhávamos com um material ferro liquido de até mil e quinhentos graus e a temperatura ambiente chegava perto de 60 graus Celsius; nosso uniforme era azul e conforme transpirávamos e ele secava, ficava branco do sal do corpo. Confesso que cheguei a sentir saudade da roça, porque nem lá era tão doído. Dos 20 funcionários, ficamos eu e mais um. Todos os outros desistiram! Eu tinha muita ambição de crescer, então eu fazia meu serviço e ajudava outras pessoas a fazer o trabalho delas, mas eu ia nas funções que eu já sabia que tinham bom salário, porque eu queria aprender aquela função. Uma delas era ser preparador de máquina; após dois anos na função de ajudante de fundição, fui promovido a preparador de máquina e meu salário dobrou! Gabriel já havia nascido e a Regina cuidava dos nossos dois filhos em casa, mas ela ainda não se sentia completa, pois ainda sentia muita falta dos pais. Foi quando eu chamei meus sogros para virem morar conosco, e eles vieram. Minha sogra ajudava a cuidar das crianças, o que trouxe para a Regina a chance de voltar a trabalhar. Ela foi trabalhar como manicure em um salão próximo de casa, começou treinar para a profissão fazendo unhas em casa e para as amigas e, quando se sentiu segura, foi para o salão. Eu, percebendo que ela tinha se encontrado e gostado dessa área da beleza, paguei um curso de cabeleireira para ela; após a conclusão do curso, montamos um salão dentro de um cômodo em casa e ela começou a atender. Nessa época, já tínhamos nosso terceiro filho (Rafael), com 2 anos. Com meus sogros morando em casa, fazíamos coxinhas e pamonhas e saíamos para vender na rua; era mais uma renda.

Um dia, voltando do trabalho, vi um ponto comercial para alugar e aluguei sem falar com a Regina. Quando conversei com ela, houve resistência. Ela disse que não iria de jeito nenhum com medo de não conseguir pagar o aluguel e eu assegurei que, se ela não conseguisse, eu pagaria! No primeiro mês, Regina faturou o equivalente a três vezes do valor do aluguel. A cada mês ela faturava mais e mais... O salão dela começou a ter muitos clientes fixos, além de muitos que vinham de outras cidades só para fazer com ela.

Nessa época, fiquei sabendo que meu irmão por parte de pai (Ivo) estava passando por grandes dificuldades nas ruas de São Paulo. Eu e a Regina fomos até lá para buscá-lo, o trouxemos para morar conosco e ele ficou morando com a gente por seis anos. Gabriel, meu filho do meio, relata: "Lembro que ele trouxe 3 bombons do trem para nós, mesmo sem condições para isso" (risos).

Com as minhas promoções no trabalho, onde meu salário passou a ser bem relevante, mais o salão de beleza da Regina, mais as vendas dos salgados e pamonhas, somando a uma pequena herança que recebi com a venda do sítio que tínhamos no Paraná, consegui comprar um ponto comercial. Ali, eu construí meu o primeiro salão e aluguei (Livraria Evangélica). Era 2003, nessa época eu tinha um gol com dois anos de uso e me senti preparado para realizar o meu grande sonho de ser um advogado! Prestei vestibular e passei! Porém, nessa mesma semana, algo aconteceu, me forçando a tomar uma decisão difícil. Recebi uma proposta irrecusável no meu emprego: tratava-se de uma promoção que daria um aumento de 50% do meu salário. Estamos falando de aproximadamente R$ 2.000,000, no ano de 2003. De um lado, o meu sonho de ser advogado e, do outro lado, mais qualidade de vida para minha família. Claro que escolhi minha família. Renunciei ao meu sonho e aceitei a promoção; não dava para conciliar o trabalho com a faculdade, porque tinha que fazer revezamento de turnos! Outro detalhe é que eu consegui esse cargo no qual todos tinham cursos técnicos ou faculdade, menos eu! Fui o primeiro a entrar nessa função sem esses cursos.

Como eu tinha muito conhecimento de fundição e moldes, me destaquei rápido, ganhando a confiança do meu superior onde me requisitava, sempre que havia alguma situação que eu pudesse resolver. Como eu era o único a não ter cursos técnicos ou faculdade, causava uma certa rejeição por parte de alguns colegas de trabalho e eu tinha que ir conquistando cada um deles.

Com um salário muito bom e tudo caminhando bem com o salão, peguei meu carro (Gol) com dois anos de uso e fui em uma casa de material de construção. Meu carro valia R$ 16.200,00 negociei com o proprietário do depósito (Dil) e peguei R$ 10.000,00 em material de construção e ele me voltou R$ 6.200,00 em dinheiro, que usei para comprar um Monza 86 (lembram que era meu sonho ter um Monza?). Temos que tomar cuidado com o que pedimos para Deus; naquela época, ter um Monza era um sonho, mas foi motivo de chacota para os amigos. Cheguei na empresa e foi sarro só! Tiravam muito sarro de mim, falavam que eu tinha regredido saindo de um carro novo e indo para um carro velho! Eu dizia: "Onde seu carro novo te leva, meu carro velho também leva", justificando minha decisão.

Com o material que peguei, construí mais três salões comerciais (totalizando quatro salões) e ainda construí mais duas casas na parte superior dos salões. O salão maior ficou para a Regina e os outros três foram alugados. Em pouco tempo, as mesmas pessoas que tiravam sarro de mim falavam: "Com todos esses aluguéis, você já pode comprar outro carro novo, né?". E foi exatamente o que eu fiz! Comprei um carro mais novo (Meriva) e ainda comprei uma moto para facilitar minha locomoção para o trabalho. Eu entendi que o caminho era esse mesmo, ter pontos de aluguéis e então passei a namorar outros pontos. Bem em frente ao salão, havia um terreno com uma casinha bem simples; o dono pedia trinta e cinco mil, a casa que eu morava, valia sessenta e cinco mil; parecia loucura, mas troquei pau a pau com ele, pois ele não tinha como voltar nada para mim. Após fechar negócio, já aluguei a casinha e corri para financiar outra casa em um outro bairro para morar com minha família. Regina ficava muito insegura com minhas decisões arriscadas, mas, mesmo com medo, ela sempre me apoiava. Em 2012, eu já tinha sete pontos de aluguéis, sendo um o salão da Regina, com a maior estrutura, seis alugados; além da casa que eu morava com minha família. Seguimos trabalhando, pagando financiamento da casa e guardando dinheiro; eu guardava dinheiro sem a Regina saber, pois eu gostava de surpreendê-la com as oportunidades que apareciam para nós. Já morando na casa financiada que havíamos comprado, havia uma casa que o dono colocou a venda, eu fiz uma proposta e ele aceitou; dei o valor do carro que havia vendido e assumi mais 41 parcelas de quatro mil reais! Mais uma vez a Regina ficou muito brava comigo, ela tinha medo desses investimentos que eu fazia; aluguei a casa e o valor abatia bem nas parcelas. Com a compra dessa casa nova, ficamos sem carro por três meses; tínhamos somente uma moto CG Titan e era com ela que cumpríamos os compromissos que tínhamos com a igreja católica, onde éramos bem participativos. Éramos coordenadores gerais do ECC (encontro de casais com Cristo); íamos de moto, de casa em casa, para convidar os casais para irem à igreja; durante esse período que ficamos sem carro pudemos ver um lado bom, porque descobrimos que poderíamos praticar esporte e passamos a pedalar junto com os meninos. Após três meses, comprei um carro novo (Vectra), dois anos após isso, meu filho mais velho, Felipe, já com 18 anos e recém-habilitado, sofreu um acidente com o carro, caiu no rio e o carro deu perda total, porém, tínhamos seguro. Recebi o valor do seguro junto ao dinheiro do "caixa dois" e comecei a construir lá no terreno que troquei com minha primeira casa (construí dois salões grandes). Agora nós já tínhamos nove pontos de aluguel mais a casa que eu morava. Comprei um carro de menor valor (Corsa) e, após um ano com o carro, meu filho, Felipe, sofreu mais um acidente com perda total do carro. Recebi o valor do seguro e dei entrada em um terreno em um dos condomínios mais requisitado da cidade vizinha. Com o valor que eu tinha guardado, comprei outro carro (Hilux 2008).

Em 2014, após 18 anos trabalhando incansavelmente na metalúrgica, me aposentei e continuei trabalhando no mesmo lugar (agora eu tinha uma renda a mais). Falei com meu coordenador o seguinte: "Estou aposentado, se houver um 'corte' na empresa, prefiro que me dispense do que a um pai de família que só tem essa renda", e ele me disse que precisava do meu trabalho por mais um período, pediu para eu ficar e eu aceitei! Trabalhei até março de 2016 e fui dispensado. Em janeiro eu já sabia que iria até março, pois eu tinha uma confiança muito grande nos meus superiores.

12

Desespero na falsa estabilidade

Quando caiu a ficha de que eu estava aposentado, me bateu desespero, pois eu tinha um salário de R$ 8.500,00 e passei a receber R$ 2.500,00. Era uma diferença considerável e eu não queria que a qualidade de vida da minha família caísse. A Regina dizia que eu era muito inteligente para ficar parado e perguntava: "O que você vai fazer?". Meu nome passou a ser "JAQUE" em casa! JAQUE você está em casa, faz isso... faz aquilo.... vai lá... vem cá.... e eu não nasci para ser JAQUE.

Tínhamos uma vida bem bacana, íamos viajar, saíamos para jantar fora, passeávamos bastante com os meninos, e a redução salarial acabou refletindo muito.

13

O reencontro de milhões

Aposentado, falei para Regina que gostaria de visitar alguns amigos na cidade de Curitiba. Cheguei lá de surpresa e fui direto para a casa dos meus amigos Sebastião e Beatriz Cachiolo, os filhos deles, sabendo que eu estava lá, foram me ver e eu revi meu amigo de infância, Claudio Cachiolo. Claudio comentou comigo que estava trabalhando com vendas de colchões, mas eu não demostrei interesse. Fiquei lá por alguns dias e voltei embora para casa. Tínhamos trocado nossos números de telefone e passamos a nos falar constantemente, eu e o Claudio.

Eu estava inconformado com a redução da minha renda, então eu resolvi ligar para Claudio para perguntar sobre o negócio que ele havia comentado quando fui visitar a família Cachiolo. No dia em que eu liguei, ele estava no centro de Curitiba comemorando o aniversário do filho e isso me chamou a atenção, pois, como uma pessoa que saiu lá do interior sem condições, estava no centro de Curitiba comemorando o aniversário do filho? Pensei: "Esse cara tá ganhando dinheiro". Ele perguntou se eu poderia ligar depois. Continuamos nos falando por telefone e eu ia perguntando sobre o negócio e ele me perguntou se nós podíamos recebê-lo em nossa casa. Claro que sim! Dia primeiro de agosto de 2016 ele veio para minha casa e já me apresentou o aparelho que ele trabalhava e, como eu sofria muito de dores na coluna, resolvi investir! Dia quatro de agosto, meu aparelho chegou e, na minha primeira noite usando, já percebi um resultado incrível, um alívio da minha dor! Claudio ficou uma semana em casa e, nesse período, foi me falando sobre trabalhar com esse aparelho. Minha primeira pergunta para ele foi: "Dá para eu ganhar seis mil"? Porque era o valor da diferença do salário que eu tinha com minha aposentadoria... Ele respondeu: "Se você trabalhar bem pouquinho, você ganha seis mil! Mas se você trabalhar um pouco mais, pode dar o restante para mim, kkkkkkk". Quando ele foi embora, me chamou para ir junto para Curitiba e disse que pagava os custos da viagem, então eu e a Regina fomos e passamos o fim de semana lá, aprendendo tudo sobre o negócio, e voltamos para iniciar o trabalho. Claudio pagou toda a viagem, mas até hoje me deve o pedágio (risos). Em 15 de agosto de 2016, eu iniciei o meu trabalho nesse novo negócio apresentado pelo Claudio.

14

O início de uma nova era

Abundância infinita

Minha primeira visita na casa da minha irmã Terezinha, meu cunhado Aparecido perguntou se o aparelho era realmente bom, e eu disse que era sim! Ele disse que iria comprar, confiando em mim e que, se não fosse bom, me daria um "pescoção", e ele comprou! Então fui para minha segunda visita, minha sogra (Jararaca) e ela comprou! Sou muito grato a eles que começaram abrindo as portas para mim! Com ajuda do Claudio, fizemos cinco visitas e três vendas! Aí eu vi que realmente era possível vender.

O Claudio começou a me treinar sobre negociação, tudo o que ele havia aprendido e que usava em suas vendas! Ele nem imaginava que eu já era bom nisso! Porque eu também não sabia e descobri quando iniciei com as vendas! Fui me aperfeiçoando dia a dia e fazia as visitas sozinho. Lembro que um sábado, em minha primeira visita sozinho, fui visitar um casal de amigos e vendi meus primeiros dois aparelhos... Passei no salão da Regina e falei: "Mor, vendi dois colchões!". Saí do salão da Re, fiz outra visita e vendi mais um, voltei ao salão e falei: "Mais um!". E não parei mais. No negócio, todos os cálculos financeiros eram feitos pelo empresário (no caso, Claudio), mas entre nós, era diferente! Eu que fazia! Ele morava longe da minha casa, e eu, muito organizado e da confiança dele; então Claudio confiava em mim! Eu vendia o produto, recebia, fazia os cálculos sobre minha comissão, valor do produto, valor dos impostos, valor do frete e valor do empresário, e enviava para ele. Como ele que era o empresário, fazia a compra dos aparelhos e me autorizava a retirar.

Tenho muita clareza sobre meus princípios e valores, eles não são negociáveis!

Confiança é conquistada e eu prezo muito isso.

Quando a mente não pensa, o corpo padece e isso é fato. Não aceite o que fere aquilo que você acredita. Porque um princípio negociado é um propósito que é deixado de viver.

Como eu vendia muito, após um mês trabalhando, Claudio me incentivou a ter meu CNPJ, pois eu já estava atingindo minha pontuação para ser um empresário no ramo; mas eu resisti, pois ainda tinha aquela crença do CLT, então, mesmo chegando à pontuação, segui vendendo como especialista e, com três meses no negócio, eu decidi abrir minha empresa. Minha mente já ia mudando e eu me tornaria um *expert* na área das vendas. Meu pai empresarial, Claudio, me disse: "Se você continuar assim, em seis meses estará ganhando líquido de 30 mil!". Pensei comigo mesmo: Não! Quero ganhar isso antes! Com o CNPJ, no primeiro mês, tive uma liquidez de R$ 28.000,00! E no mês seguinte, eu fiz R$ 37.000,00 líquido, me levando ao nível de distribuidor executivo.

Em 2017, tive a oportunidade de levar toda minha família, (esposa e três filhos) para um cruzeiro de oito noites *All Inclusive* no litoral do Nordeste e foi uma das viagens mais incríveis que nós fizemos! Eu desfrutava do meu trabalho conhecendo a liberdade geográfica e a liberdade financeira, podendo proporcionar para a minha família qualidade e experiências únicas! O que dava ainda mais certeza de que estava fazendo a coisa certa! Aquilo me alimentava!

Segui trabalhando focado nos meus objetivos, incansável, obstinado pelo sucesso no negócio. Buscava cada vez mais, ferramentas que pudessem contribuir para que meus resultados fossem cada dia mais exponenciais. Mentorias, cursos, livros, treinamentos e muitas vendas! Eu aprendida com os "sim" e com os "não"; buscava melhorar a cada venda.

Havia um esquema de graduação na empresa que tinha a seguinte sequência: monitor, especialista, distribuidor (empresário), distribuidor executivo, Safira, Rubi, Diamante, brilhante...

Após três meses com minha empresa, recebo em minha casa um casal de líderes, Clodoaldo e Adriana, e eles nos presentearam com um par de convites para que eu e a Regina fossemos em uma convenção no dia seguinte em São Paulo, espaço das Américas, com traje de gala, um evento formal com todas as etiquetas. E nós fomos! Lembro-me que Regina e eu estávamos sentados em uma mesa no fundo do evento, observando todas aquelas pessoas recebendo muitos prêmios! Era muito glamour e nos questionamos: "Será que isso é para nós, é real?". Wesley, filho do Clodoaldo e da Adriana, se aproximou da nossa mesa e profetizou: "Ano que vem, será a vez de vocês estarem neste palco". Saímos do evento impactados e voltamos para nossa realidade, em que eu segui fazendo visitas e vendendo. Em fevereiro, aconteceria um jantar em Curitiba e nós fomos convidados. Esse era um jantar em que todos os casais eram convidados a estar no palco para serem homenageados: casais que faziam as pontuações necessárias (5 pontos em vendas). Chamaram todos, mas não chamavam a gente, até que, de repente, eles anunciam que um casal havia feito mais de 20 pontos e, para nossa surpresa, éramos nós! Carregaram-me no colo até lá na frente do palco, quase morremos de vergonha! Nunca tínhamos vivido aquilo. Pela primeira vez, tivemos que falar em público. Nesse dia, que tivemos a oportunidade de conhecer, de fato, muitos empresários envolvidos no negócio e o tamanho de tudo o que estávamos vivendo. Conversei com muitas pessoas e fui abrindo ainda mais minha mente. Pouco tempo depois fui graduado a Safira! Observei que a meta da maioria era fazer duas visitas diárias, e assim elas já teriam um resultado muito bom. Então eu pensei: "Se eu fizer quatro, meus resultados serão incríveis", e eu passei a fazer de quatro a seis visitas diárias. Se, quando eu era CLT, trabalhava até 12 horas por dia enriquecendo o dono da empresa, por que não poderia fazer isso sendo eu o dono?

Durante o ano inteiro de 2017, todos os meses, faturei líquido R$ 85.000,00 mensais, somando R$ 2 milhões de vendas no ano; neste mesmo ano, no primeiro semestre, teve um rally de campeões em vendas. Lembram do Wesley? Que havia profetizado que eu estaria lá no palco! A profecia se concretizou, lá estava eu, no palco, ganhando uma Montana 0 km e uma viagem para Buenos Aires por ter ficado em primeiro lugar no ranking. De lá para cá, eu sempre estive no palco por resultados exponenciais. Ir para Argentina foi a minha primeira experiência internacional, e foi incrível. Nessa época, eu já vinha treinando algumas pessoas para serem empresárias, pois percebi que poderia dar oportunidade para muitas delas elevarem suas rendas, mudando suas realidades. Assim como eu recebi essa oportunidade, era justo que eu transbordasse.

Na Bíblia, no livro dos Salmos 23; 5: "Preparas uma mesa perante mim na presença dos meus inimigos, unges a minha cabeça com óleo, o meu cálice transborda".

A imagem mental que temos é de uma pessoa diante de um mentor que lhe prepara uma mesa, para que a usufrua diante dos inimigos. Estes estão contidos pela autoridade do mentor, de tal maneira que não podem agir.

O mentor unge a cabeça da pessoa com óleo, ou seja, transmite-lhe uma bênção, uma unção, e seu cálice transborda. O cálice aqui não é uma taça de beber algo. O cálice é a própria pessoa.

A bênção ou unção faz a pessoa transbordar, ou seja, ela prospera tanto que se enche e transborda. Este transbordo, é o se entregar aos outros. É ensinar, é ajudar, é o promover.

Na vida, Deus colocou este princípio: você aprende, estuda, se prepara e começa a passar seu conhecimento para os outros e, quanto mais você entrega, mais recebe.

Oportunidade é para todos, mas nem todos vão abraçar as oportunidades.

Seguia fazendo minhas vendas e formando novos empresários, treinando pessoas por meio das minhas experiências; pessoas iam e vinham até que, após dois anos, formei uma equipe estruturada.

Em 2018, segui com minha família, Regina, Gabriel e Rafael, para outro cruzeiro. Felipe não pôde ir, porque tinha outro compromisso. Dessa vez, fomos para Uruguai e Argentina.

Nessa época, também construí duas casas em cima do salão comercial. Assim, eu já tinha totalizado 11 pontos de aluguel.

15

Saúde, família e trabalho
(Construa um contexto tão forte a ponto de lhe permitir tomar decisões difíceis com discernimento e sabedoria)

Abundância infinita

Meu filho do meio, Gabriel, é diagnosticado com doença de Crohn, uma doença autoimune que demanda muitos cuidados; foram dias tensos para todos nós. Logo em seguida, minha mãe é diagnosticada com câncer, e o que era difícil ficou ainda pior. Eu estava na disputa do segundo Rally dos campeões; eu revezava com uma outra pessoa muito fera em vendas, uma disputa acirrada. Para eu me manter na disputa, contei com a ajuda da minha esposa Regina, que corria com meu filho e minha mãe para os cuidados médicos.

Meu filho seguiu com tratamento, porém minha mãe, no dia 7 de setembro de 2018, veio a óbito.

No dia 30 de setembro, aconteceu o Rally dos Campeões em foz de Iguaçu e eu fiquei em primeiro lugar! Ganhei meu segundo carro zero, uma viagem para Disney World e fui chamado ao palco por diversas vezes para ser premiado e homenageado. Também fiz uma homenagem a minha mãe, que já não estava mais entre nós. Mais coisas aconteceram nesse mesmo evento, fomos surpreendidos com mais uma viagem para um cruzeiro no mar mediterrâneo; havia também um programa para os empresários que faturaram acima de 1 milhão no ano, e fomos condecorados e convidados a uma cerimônia em Las Vegas (EUA).

Segui firme e forte com minhas vendas, o Rally terminou às duas horas da manhã, às oito horas eu já estava vendendo.

José Mendes

O grupo ao qual pertencia tinha parceria com algumas financeiras, a fim de facilitar o crédito para fazer as vendas, tanto para o cliente quanto para o empresário (vendedor). Desfrutei desse benefício por um período, depois percebi que eu mesmo poderia ser minha própria financeira e comecei a fazer uma carteira de crédito (recebíveis). Eu "bancava" o produto, vendia para o cliente e os boletos eram gerados direto da minha empresa. Isso me gerava uma terceira área de ganhos.

Regina, minha esposa, já vinha me pressionando para mudarmos de casa e morarmos em uma casa melhor! Eu sempre fui muito consciente de que, para eu ter uma qualidade de vida melhor, eu deveria ter uma renda fixa maior para suprir os gastos e esperei o momento certo para isso. Então começamos a ver casas na cidade de Jundiaí, isso seria bom, poderia fazer novas parcerias; poderia formar novas equipes; fazer novas conexões e ampliar os negócios, já que Jundiaí é uma cidade em crescimento, com muitas oportunidades. Com o crescimento dos meus negócios, inevitavelmente algumas coisas acabam mudando, como: ambiência, amizades e frequência... Ficamos exigentes em assuntos de relevância e abundancia; com um *mindset* evoluído, procuramos pessoas e ambiências que estejam na mesma frequência, então, mudar de casa, de cidade, de ares... seria muito bom para mim e minha família.

Encontramos a casa que encheu os olhos da Regina. Ela ficou doida com a casa e a queria de qualquer jeito. Quando nos mudamos, tudo de fato mudou. Para meus filhos, novas fontes de oportunidades em conhecimento; Gabriel já cursava faculdade na Unicamp, Rafael fazia curso técnico em

Abundância infinita

Jundiaí e Felipe morava conosco, mas já tinha seu próprio negócio.

Nesta casa nova, grande, espaçosa, confortável, com piscina, salão de festas e bem localizada, iniciávamos uma nova etapa; nela, eu recebia muitas pessoas que vinham para falarmos de negócios, muitos amigos (antigos e os novos) que fazíamos e, claro, a família.

16

Ultrapassando fronteiras

Abundância infinita

Fevereiro de 2019. Fomos desfrutar a viagem para a Disney World. Já havíamos conhecido Argentina, Uruguai e Paraguai, porém, nem em meus sonhos mais ousados de criança achei que um dia estaria na terra do Mickey. Acredito que, no fundo, todos nós sonhamos com isso e estávamos lá; outro país, outra língua, outros costumes. Regina ficava encantada com tudo. Percebi que todo aquele medo que eu tinha de ir para um país como Estados Unidos era besteira, e eu poderia mandar meus filhos tranquilamente.

Eu tentava praticar meu inglês, fui pedir um suco de laranja todo travado e o cara respondeu em inglês, porém, ele vira para o lado e fala em Português (era brasileiro), rimos muito. Por diversas vezes, eu me pegava nos gatilhos de merecimento e pensamentos vinham: "Como vim parar aqui?", "Será que eu mereço?", "As voltas que o mundo dá". Era uma mistura de questionamentos e gratidão por todos aqueles momentos que vivíamos! Um dia mais mágico que o outro. Foram sete dias de muita diversão.

"Para mim, era algo inalcançável ir para a Disney, uma menina que saiu da roça. Quando vi o Mickey e a Minnie, achava que era sonho! E o show do Castelo! Mágico! Momentos eternizados na minha memória", relata Regina.

Em maio, partimos para Las vegas, outra proposta de viagem, glamoroso, formalidades, culturas e tradições de milionários, cassinos, luzes... Muitos carros que, até então, nunca tinha visto! Lá, eu não só vi como pude ter a experiência de pilotar uma máquina daquelas, apostei alguns dólares no Cassino, conheci o Cirque du Soleil e o Grand Canyon.

Em junho, cruzeiro mediterrâneo, Espanha, França e Itália.

Saímos do Brasil de avião e fomos para Espanha (Barcelona), onde embarcamos em um navio para mais um sonho, um cruzeiro surreal que nos levaria a países incríveis. Conhecemos primeiro alguns lugares da Espanha e seguimos para a Itália (Roma), depois fomos para a França. Foram 11 dias de novas culturas, costumes e línguas diferentes! A cada experiência, gratidão! Estávamos desfrutando e vivendo tudo intensamente.

De volta ao Brasil, sigo trabalhando! Nessa fase, já conhecia o que era bom e queria viver mais de tudo aquilo.

17

Pandemia

Nosso trabalho com os clientes sempre foi presencial. Com a pandemia, tudo ficou impossibilitado, o mundo vivia algo medonho! Tivemos que nos reinventar, inovar... Passamos a fazer as apresentações on-line e 90% das vendas caíram!

Assim como a maioria das pessoas, também fiquei muito mal na pandemia; eu sempre fui muito ativo e, de repente, me vi preso em casa, proibido de fazer tudo o que eu gostava. Na TV, só informações tristes, muitas verdades e um mar de sensacionalismo, o que tornava impossível de assistir; no início, tudo parecia só um pesadelo e que logo seria anunciado que se tratava de um engano, de que nada daquilo era verdade! Mas não demorou muito para começar a chegarem notícias de pessoas próximas que estavam com covid-19 e, então, a "ficha caiu"; viveríamos dias difíceis em todos os âmbitos.

Sem muitas opções do que fazer nos dias confinados, iniciei atividades físicas em casa, nadava, corria em volta da piscina (10km) todos os dias, jogávamos dominó, cartas, lia livros e me tornei *expert* em fazer pão caseiro: duas a três vezes por semana, fazia pães e distribuía para os outros; porém, em junho, passei por algo, contraí o temido vírus; comecei a ficar muito mal e fui para o hospital, fiquei internado uma semana junto a mais seis pessoas no quarto, onde somente eu não precisei ser entubado. Isso me fez refletir muito sobre minha vida. Lá no quarto, eu até ajudava os outros; após sete dias internado, recebi alta e fui para a casa, porém, ainda não estava bem; emagreci nove quilos, muito fraco, não era capaz de pegar um copo! Minha esposa, Regina, dava comida em minha boca e eu fiquei isolado no quarto, mesmo assim, todos em casa foram contaminados com o vírus. Nossa preocupação era com nosso filho Gabriel, porque ele sofre de uma doença autoimune e, por esse motivo, tínhamos receio que os sintomas fossem mais fortes para ele. Graças a Deus, foi leve! Sessenta porcento do meu pulmão foi atingido pela doença, voltei para o hospital para uma série de exames e continuei com tratamento em casa. Os hospitais estavam lotados e no total de 53 dias lutei para me livrar desse vírus que destruiu tantas vidas e famílias.

Após esse período, fui tentar fazer uma caminhada e me faltou ar nos primeiros 200 metros, quase morri! Parecia impossível caminhar; eu que passei o tempo todo correndo 10 km estava agora fragilizado e mal conseguia andar; mas não desisti, foquei e com muita persistência, caminhei 2km.

18

Recebíveis

Abundância infinita

Nesse tempo que fiquei doente, cuidando da minha saúde, parei 100% o meu trabalho; afinal, minha saúde estava em primeiro lugar. Diferente da realidade de muitas pessoas, eu tinha me preparado de certa forma para imprevistos. Não falo somente dos pontos de aluguéis que construí ao longo da minha jornada e nem da minha aposentadoria pelos longos anos que trabalhei na CLT, mas também da carteira de recebíveis que construí no tempo que trabalhei com minhas vendas. Nesse período de pandemia (que durou dois anos), a qualidade de vida da minha família não caiu e isso só foi possível porque a eu tinha essa carteira de recebíveis. No início ano de 2021, foi feito um cronograma para que conhecêssemos 12 estados brasileiros diferentes no decorrer do ano. Teriam o direito de acompanhar essas viagens e ter mentoria, os empresários que faturaram acima de um milhão no ano de 2020, e lá estava eu novamente.

Em janeiro, fizemos a primeira viagem para Aracajú, em fevereiro para Jericoacoara; já nessa viagem, voltaram as restrições e em março foram abortadas as viagens seguintes.

Mesmo eu ficando 53 dias sem trabalhar durante a pandemia, ainda fiquei em terceiro lugar no Rally dos Campeões que foi no mês de junho, em Pernambuco (Porto de Galinhas); somente os melhores 20 empresários estavam presentes, porque, pela primeira vez, o evento foi transmitido on line para todos demais empresários. Fui premiado para, mais uma vez, ir a Las Vegas.

Junho de 2021 continuava ruim para trabalhar, já conseguíamos fazer visitas presenciais, porém, muitas pessoas estavam inseguras com rumo de suas vidas! Incertezas e medo rondavam as famílias; comportamento natural devido ao momento delicado que o mundo estava passando. Cada um de nós agimos de uma maneira diferente.

Em novembro de 2021, meu filho Gabriel viajou para fazer intercambio nos Estados Unidos; ele queria muito ir e eu fiquei muito feliz em poder proporcionar isso a ele. Ele ficou por cinco meses, estudou inglês, trabalhou, fez novas amizades, teve infinitas experiências, ganhou seu próprio dinheiro, conheceu outros países e retornou para o Brasil em abril de 2022.

Já Rafael, seguiu seus planos no Brasil, fazendo viagens estaduais, trabalhando e estudando na USP, que sempre foi o sonho dele, sempre atrás dos seus objetivos.

Felipe também seguia trabalhando com sua loja de roupas e cuidando da sua família, esposa e filha, minha neta Mariana, que já tinha quase dois aninhos.

Agora, com o decreto do fim da pandemia, o trabalho volta a todo vapor, o país se prepara para eleger um novo presidente e recuperar o tempo perdido em todos os seus âmbitos. A liberdade recuperada, uma corrida insana devidos aos prejuízos financeiros, dores na alma diante de tantas vidas perdidas! Famílias em frangalhos tendo que se ressignificar diante das suas dores.

Como eu li muitos livros, fiz muitas mentorias e imersões na pandemia, volto aplicando todo conhecimento adquirido, o que me traz ainda mais clareza e foco. Quando lemos, aprendemos uma vez; quando ensinamos o que lemos, aprendemos duas vezes; e quando aplicamos o que lemos, aprendemos três vezes. Tudo o que queremos, podemos! Depende exclusivamente de nós.

O país entra em uma guerra de disputa política nunca vista na história. Um lado muito triste se mostra. Mesmo diante de tantas dores com famílias na pandemia, pouco se aprendeu! Agora, famílias são desestruturadas por posições políticas. Entendo que nosso crescimento e realizações pessoais não dependem de políticos e sim de nós mesmos. Somos nossos únicos concorrentes e sabotadores de nós mesmos, temos hábitos de terceirizar responsabilidades! Se não alcançamos o peso que queremos, a culpa é do nutricionista, se não alcançamos o *shape* que idealizamos, a culpa é do personal, se estamos endividados, a culpa é do gerente, e assim por diante... Arrumamos todas as formas de fugir da autorresponsabilidade, me incluo nisso, porque um dia, lá trás, também já fui assim.

Hoje, penso completamente diferente e essa evolução me trouxe os resultados que tenho hoje! Fazer o meu melhor todos os dias; ser incansável, imparável, obstinado e ambicioso!

> *Podem não gostar da forma como você se veste,*
> *não gostar da forma como você se posiciona, mas*
> *nunca poderão ignorar os seus resultados.*
> JOEL JOTA

Resultados gritam mais alto do que qualquer outra coisa! E não se tem resultados sem disciplina e foco.

19

Lapidação! Rubi!

Foco

Em um jantar de campeões em Curitiba, onde estávamos eu e alguns empresários da minha equipe junto à liderança, fizemos um planejamento para abrir a graduação com faturamento de 800 mil em novembro de 2022 e 800 mil em dezembro de 2022, totalizando 1 milhão e seiscentos mil reais em vendas. Era um desafio bem ousado diante de um cenário em que estava havendo a troca de governo, pessoas se recuperando financeiramente dos estragos causados pela pandemia e em meio às festas comemorativas de final de ano; mesmo assim, focamos e fomos para cima.

Essa graduação tinha nome: RUBI!

O caminho seria árduo, o processo é frenético; são dias, noites, sábados e domingos planejando, montando e treinando equipes, fazendo vendas diretas e indiretas, calculando ponto a ponto e tudo diante de um propósito no qual não existe a palavra desistir! Tem que dar certo! Porque "o trabalho devolve" (Joel Jota).

E assim seguimos, de venda em venda! Batemos a primeira meta de faturar os 800 mil em novembro, levando a equipe ao delírio e querendo mais! Pois eles também se graduavam, elevando sua autoconfiança.

"Ninguém fica rico sozinho, se você quer enriquecer, precisa transbordar na vida de outras pessoas, compartilhar ideias, dúvidas e opiniões com sua equipe aumenta a velocidade do sucesso de todos.

Com o apoio da minha esposa, sigo certo de que serei graduado, porque "eu posso, eu consigo e eu mereço" (Rodrigo Cardoso).

Lagrima, suor, sangue e gordura.
PABLO MARÇAL

A frase "não queira concorrer comigo, eu quero que você também ganhe" se faz presente em minha equipe, pois hoje tenho uma equipe redonda, com resultados exponenciais; temos empresários, e alguns já com graduação, que estão sempre sendo reconhecidos no palco. Esses resultados trazem ainda mais entusiasmo para que todos eles sigam firmes em seus projetos e eu vou dando todo suporte com as ferramentas necessárias e motivacionais. Passo para equipe tudo o que aprendi nesses anos com meus mentores.

Chega dezembro e, por mais que desistir nunca tenha sido uma opção, confesso que, por alguns instantes, eu senti desânimo; mas aprendi que é exatamente nesse momento que a virada de chave acontece. Nosso principal adversário somos nós mesmos; vamos sentir desânimo, vontade de desistir, jogar tudo para o alto! Mas devemos tomar consciência, respirar e entender que, se quisermos chegar ao topo, temos que ser resilientes e acreditar!

Sigo meus projetos no empreendedorismo.

A liderança se fez muito presente nesse momento de graduação; todos em movimento contribuindo, dando todo suporte necessário para que a graduação acontecesse; isso é muito importante! Aprendi que ser líder é ter habilidade

Abundância infinita

de motivar e influenciar pessoas de forma ética e positiva, de modo que elas contribuam voluntariamente e com entusiasmo para alcançar os objetivos da equipe e da organização.

O apoio da família diante dos seus sonhos e objetivos é muito importante.

Dia 28 de dezembro de 2022, exatamente às 17:25 horas, eu sou comunicado que a graduação aconteceu!

Fui "lapidado" a RUBI!

Missão dada é missão cumprida!

A vitória é certa!

Não tenha pressa de vencer. Escale degrau por degrau até chegar ao topo. Tenha pensamentos positivos, confie em Deus. No tempo certo, tudo acontecerá. Mas, atenção! Esteja em ação, buscando conhecimento. Passo a passo, dia após dia, são trilhados os caminhos da vida.

> *Confia ao SENHOR as tuas obras, e os teus pensamentos serão estabelecidos.*
> Pv. 16:3

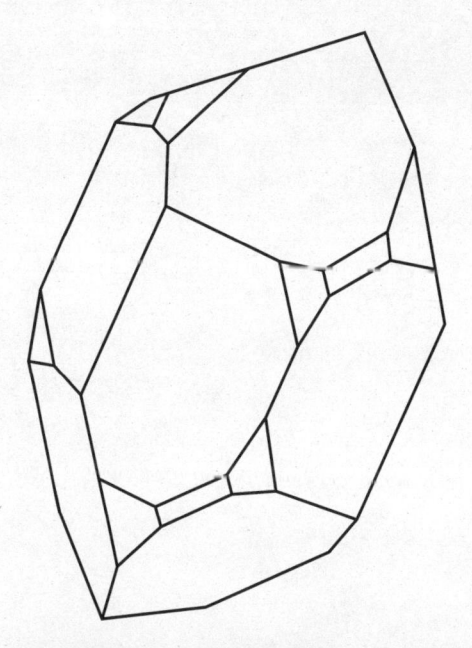

Validação que aquece!

Abundância infinita

Quando ficamos sabendo que nosso pai escreveria um livro sobre sua história, pensamos que deveríamos escrever um pequeno texto para dizer quem nos tornamos, pois só somos quem somos, entre algumas coisas, graças à educação que tivemos.

Felipe Gustavo

Meu pai é um homem de muito caráter, sempre me passou valores e princípios baseados na honestidade e respeito ao próximo.

Tenho muito orgulho de todas as conquistas do meu pai. Ele alcançou seus sonhos com muito suor e trabalho duro! Ele que veio de baixo e lutou com muita determinação para conquistar seus objetivos.

Aprendi muitas coisas com ele e entre essas coisas, dois dos meus *hobbies* favoritos! Jogar truco, em que meu pai é muito bom! E outra coisa é gostar muito de futebol! (Embora isso ele não saiba jogar bem! kkkkk); torcemos para o mesmo time! Palmeiras!

Como família, tenho ele como modelo! Hoje, tenho a minha família, esposa e filha! Faço tudo por elas e me espelho muito nos ensinamentos e exemplos do meu pai como provedor, que sempre fez tudo por mim, meus irmãos e minha mãe!

Pai, quero que saiba que te amo muito e sempre irei te amar e admirar.

Gabriel

Acredito que durante minha vida tive muitas pessoas que foram exemplos pra mim e uma delas é, sem dúvidas, o meu pai, que me ensinou e ainda me ensina como ser um ser humano melhor; porque seu José é sinônimo de empatia. Tenho incontáveis lembranças de momentos em que meu pai fez o que pôde e o que ninguém estava disposto a fazer pra ajudar o próximo. Acredito que se hoje eu me interesso tanto por causas sociais, é porque aprendi com ele que devemos olhar pelos que não tiveram os mesmos privilégios e oportunidades na vida que a gente.

Outra palavra que o define é determinação! Por isso sinto muito orgulho de tudo que ele já conquistou, e sei o quanto ele trabalhou pra que isso fosse possível, pois, mesmo com todas as dificuldades, nunca deixou que nos faltasse algo e sempre fez de tudo pra que nós tivéssemos todas as coisas que ele infelizmente não pôde ter no seu passado.

Além disso, meu pai sempre foi meu maior incentivador, sempre confiou muito no meu potencial, principalmente quando eu mesmo não confiava, e também me deu todo suporte pra chegar onde cheguei e realizar os sonhos que realizei!

Por fim, acredito que, por conta de sua vivência, sempre foi nítido pra mim que um dos maiores sonhos do meu pai era construir uma família e que fôssemos unidos. Hoje, estou aqui pra dizer que você conseguiu pai, que hoje você tem uma família que se orgulha muito de você, do pai carinhoso que você sempre foi. Que mesmo que seus filhos estejam seguindo seus próprios caminhos, mesmo com todas as nossas particularidades, ainda somos aquela família unida, como éramos quando morávamos todos juntos e que dizíamos todas as noites antes de dormir "te amo, pai querido" esperando você responder "te amo, meus filhos queridos".

Obrigado por tanto e por tudo! Eu te amo muito.

Rafael

Para mim, é muito difícil falar do meu pai, não por falta de histórias, não por falta de motivos para agradecer, mas justamente pelo contrário, são tantos pontos que as ideias e palavras até somem.

Entre todas as coisas, decidi falar sobre algumas qualidades dele que hoje também estão em mim. Meu pai é uma pessoa proativa, que costuma tomar a frente a respeito daquilo que acredita, que coloca ideias em prática e, convivendo com ele, essas características refletiram em mim. Desde pequeno ajudei em eventos para arrecadar fundos para a igreja, eventos muitas vezes coordenados por ele. Mais tarde, era eu quem organizava eventos na escola, participando de movimentos que acredito. Meu pai sempre conseguiu falar o que pensa, se posicionar em diversas situações e ter muito claro seus princípios e valores, com isso, ele foi o primeiro a me ensinar que eu também devo me posicionar e ter meus princípios, mesmo que estes posicionamentos vão contra o pensamento dos outros, ou até mesmo o dele, mas sempre sustentando os princípios e valores que eu aprendi a acreditar...

Enquanto muitas pessoas nem ao menos conhecem seu pai, eu tive o privilégio de crescer com alguém que me deu muito amor, carinho e se fez presente, brigando, brincando, jogando muito vôlei (até mesmo quando não queria perder pra mim) e trabalhando muito para nos dar o melhor e tudo o que temos.

Esta frase vai direto para você, pai: obrigado por tanto, eu amo muito você!

Regina

Fico muito orgulhosa e me sinto muito privilegiada em ser sua esposa; com você, aprendi a ser resiliente, persistente e acreditar que podemos tudo por meio do nosso trabalho.

Você é um homem provedor, sábio e muito generoso comigo e com toda nossa família.

O homem mais honesto que já convivi (junto ao meu pai) na vida; sempre me apoiou em todos os momentos e nunca me deixou desistir, e sempre me encoraja para ir atrás dos meus sonhos.

Me tirou debaixo das asas dos meus pais e me ensinou a voar, ficando de base caso eu caísse.

Aprendi a aceitar, ou pelo menos a conviver, com as mudanças (dor que eu sempre tive), mas, diante do seu posicionamento forte, decidido e determinado, sempre confiei.

Obrigada por tudo! Este livro mostra o quão você é merecedor de todas as bênçãos que Deus te deu e te dá até hoje! Da sua saúde, das lutas vencidas e das vitórias conquistadas.

Cada leitor terá a chance de conhecer melhor um homem que venceu na vida derramando muito suor, lágrima, sangue e energia. Sorte a nossa (eu, Felipe, Gabriel e Rafael) que pudemos ter essa dose de amor e proteção todos os dias ao seu lado.

Você é nossa fortaleza, nosso porto seguro, não consigo ver minha vida sem você.

Voe! Voe alto! Tenho certeza de que muitas vidas serão alcançadas e ativadas diante da sua história.

Que Deus use você para levar luz aos mais necessitados, às famílias, que muitas pessoas possam seguir seus passos de coragem e também mudar suas histórias e vencer na vida.

Te amo.